STATUTS

DE

L'ASSOCIATION

CONSTITUTIONNELLE

POUR LA DÉFENSE LÉGALE

DES INTÉRÉTS LÉGITIMES;

Précédés et suivis de quelques Considérations sur le But et les Moyens de l'Association.

PAR M. SARRAN, FONDATEUR.

PRIX : 6o CENTIMES.

A PARIS,

AU BUREAU DE L'ASSOCIATION;

RUE DE MARIVAUX, N°. 3;

ET CHEZ TOUS LES LIBRAIRES.

1822.

AVERTISSEMENT.

L'Association *Constitutionnelle pour la défense légale des Intérêts légitimes*, annonce hautement, par le simple énoncé de son titre, qu'il est dans son but, non-seulement de ne blesser, dans le mouvement utile de ses travaux, ni la justice, qui est l'essence même de l'ordre, ni la Charte que le Roi nous a donnée, ni les lois qui en sont dérivées, ou qu'elle a sanctionnées, mais encore de faire respecter le bon droit des intérêts sacrés dont elle prend la défense, en invoquant toute l'autorité de la Charte et des lois, en exigeant les conséquences que l'équité réclame, à la faveur des principes constitutionnels, au moyen des formes légales; rendant à la Charte et aux lois l'hommage éclatant de ne point regarder comme illusoires les dispositions qu'elles renferment, de les considérer au contraire comme des actes rigoureusement obligatoires, dont il est du droit comme du devoir de tout Français de demander et de respecter la scrupuleuse exécution.

Principalement instituée pour éteindre à jamais les suites funestes des confiscations politiques opérées sur des familles victimes de l'esprit de faction, pendant le cours orageux de nos troubles révolutionnaires, l'Association a été excitée dans le noble dessein qu'elle se propose, autant par respect pour la justice due à des citoyens malheureux, que par la considération puissante de l'intérêt général, toujours en anxiété, et presque toujours en péril, lorsque le sol tremble.

Un Etat est inébranlable toutes les fois que, dans son sein, les intérêts sont calmes et la morale publique en honneur ; toutes les fois que chacun y est placé dans la juste limite de ses devoirs et de ses droits, et que la loi, dans ses principes existans comme dans ses conséquences réelles, est en harmonie parfaite avec l'opinion.

Avant de se déterminer à provoquer les conséquences constitutionnelles et légales sur la question importante des réparations de justice, dues aux familles dépossédées pendant la révolution, par voie de confiscation politique, l'Association a dû se convaincre que les principes étaient favorables aux intérêts qu'elle avait le désir d'appaiser ; que le bon droit venait à l'appui du sentiment de touchant intérêt, inspiré par le spectacle des plus nobles misères et le souvenir du dévouement le plus généreux.

En 1814, le Roi étant venu reprendre l'empire là où il avait toujours eu l'autorité, en vertu de son droit toujours existant, *le droit de propriété de Français dépouillés comme lui, avec lui et pour lui, existait toujours,* selon la déclaration formelle faite par un Ministre du Roi, parlant au nom de Sa Majesté, dans la séance de la Chambre des Députés, du 13 septembre 1814.

En conséquence de ce fait du retour du Roi légitime, qui alors est venu prêter une force utile à un droit de propriété, toujours existant comme le droit du Monarque légitime, dans le même sens que la légitimité de la Couronne, l'article 9 de la Charte, *pris isolément,* eût soumis l'État à la restitution de ce qui était en son pouvoir au moment où la Charte fut proclamée, et les acquéreurs des biens vendus, aux chances de l'éviction, sauf leur recours contre leur vendeur, c'est-à-dire, contre l'État, relativement à toutes indemnités légales, selon les règles du droit commun, auxquelles ne déroge nullement la lettre de cet article ainsi conçu :

« Toutes les propriétés sont inviolables, sans » exception de celles dites nationales, *la loi ne » mettant aucune différence entre elles.* »

Rien, dans cette disposition de la Charte, ne place les propriétés dites nationales sous une autre loi que celle qui régit les autres propriétés ; tout, au contraire, y soumet les unes comme les autres à la même inviolabilité, sans admettre pour celles-là d'autres formes de protection et de réglement que celles établies pour celles-ci, *la loi ne mettant aucune différence entre elles.*

Mais si telle est *la lettre* de l'art. 9 de la Charte, tel n'est point *son esprit* ; et, en définitif, c'est l'esprit de la loi qu'il faut suivre, parce que c'est là que se trouve la pensée du législateur.

La déclaration de Saint-Ouen dit formellement : « Les propriétés sont inviolables et sacrées ; *la » vente des biens nationaux est maintenue.* »

Ce principe du maintien des ventes nationales, solennellement proclamé dans cette déclaration royale, antérieure à la Charte dont elle a posé les bases, se développe dans les ordonnances, dans les lois, dans tous les actes publiés postérieurement à la Charte, notamment dans le préambule de la loi du 5 décembre 1814, où il est parlé, au nom du Roi, assisté des Chambres, de « l'enga- » gement que nous avons solennellement con- » tracté, *de maintenir les ventes des domaines » nationaux.* »

C'est dans ces deux actes, dont l'un est le principe, et l'autre la conséquence de la Charte, qu'il faut chercher l'esprit de l'art. 9, qui, quoique n'en exprimant pas la disposition textuelle, est consi- déré maintenir et maintient effectivement la vente des biens nationaux.

(5)

La Charte, par son article 9, a donc maintenu la vente des biens nationaux.

Mais, par ce même article, elle déclare que toutes les propriétés, tant patrimoniales que nationales, sont également inviolables.

Si le propriétaire d'un bien national est placé, quant à l'inviolabilité de sa propriété, sous la protection de la loi, en vertu du principe constitutionnel qui déclare que *la loi ne met aucune différence* entre la propriété patrimoniale et la propriété dite nationale, le propriétaire d'un bien patrimonial ne pouvant, en conséquence, être traité autrement que le propriétaire d'un bien national, a un droit également absolu à la protection toute puissante de la loi.

Si l'État le prive de son bien, ce ne peut être, selon le principe du droit social sur la propriété, écrit dans l'article 10 de la Charte, que pour cause d'intérêt public, et sous la réserve expresse de l'indemnité que la loi accorde à tout propriétaire, de qui l'État exige le sacrifice déjà assez pénible d'une propriété.

L'article 10 précité, donné en consécration et d'un principe de droit social qui est de l'essence de tous les gouvernemens, et d'un principe de justice rigoureuse, contre lequel aucune puissance ne saurait prévaloir, s'exprime en ces termes :
« L'Etat peut exiger le sacrifice d'une propriété,

» pour cause d'intérêt public légalement constaté,
» mais avec une indemnité préalable. »

Dans la question relative aux émigrés et aux condamnés à l'intérieur pendant la révolution, ou à leurs ayans-cause, pour raison des confiscations politiques dont ils ont été les victimes, le sacrifice qui leur est imposé, comme propriétaires, est constaté par l'art. 9 de la Charte, qui, en maintenant la vente des biens nationaux, en garantissant des acquéreurs des chances de l'éviction, en les interdisant aux anciens propriétaires, dispose de la propriété de ces derniers, et déclare, par-là même, l'Etat passible, à leur égard, de l'indemnité voulue par la loi, pour le fait de toute propriété dont l'Etat exige le sacrifice.

Propriétaires légitimes avec un droit de propriété *toujours existant*, et dont la restauration venait de leur restituer l'exercice, cet exercice de propriété n'a pu leur être enlevé par l'art. 9 de la Charte qui proclame l'inviolabilité *de toutes les propriétés*, qu'en admettant la condition naturelle d'indemnité, portée par l'acte même qui les prive de l'usage des moyens légaux, que, sans cet empêchement, le droit commun leur offrait pour rentrer en jouissance.

Dépossédés pour une cause d'intérêt public, légalement constaté par l'art. 9 de la Charte, les émigrés, les condamnés à l'intérieur, ou leurs ayans-cause, par là non restitués dans la jouissance de leurs propriétés, ont été, en vertu du double principe consacré par l'art. 10, déclarés créanciers envers l'Etat de l'indemnité préalable que la loi accorde à tout propriétaire dépossédé pour la même cause. Car nul, sous la législation légitime, qui abolit à jamais la peine de la confiscation, qui place les propriétés de toute origine sous la protection d'une égale inviolabilité, ne saurait être dépossédé autrement.

Ce principe de restitution, modifié par la Charte sous le rapport de la nature de la restitution, quant aux biens révolutionnairement confisqués, qui se sont trouvés vendus au moment de sa promulgation, se développe dans tous les actes qui ont suivi cet acte fondamental.

Une ordonnance du 4 juin 1814, rendue par conséquent le jour même de la promulgation de la Charte, et lue dans la séance royale du même jour, après la lecture solennelle de la loi constitutive de l'Etat, une ordonnance du 4 juin 1814 considérant la restitution des biens confisqués non vendus, comme un acte tout naturel du pouvoir légitime, distrait de la dotation du sénat réunie au domaine de la Couronne, les propriétés particulières acquises par voie de confiscation, comme devant être rendues *aux anciens propriétaires.*

Diverses autres ordonnances, fondées sur le même principe, restituèrent successivement, sans le concours des diverses branches de la législature, les biens de quelques familles, en conséquence de ce droit de propriété que ces familles n'avaient jamais cessé d'avoir, *qui existait toujours*, selon la déclaration précitée, faite officiellement au nom du Roi par un de ses ministres, dans l'occasion solennelle de la présentation d'un projet de loi (1).

Le 21 août 1814, une ordonnance capitale prononça, en tant que besoin pouvait être, L'ABOLITION des confiscations révolutionnaires, tant pour les émigrés que pour les condamnés à l'intérieur, *nulle différence*, dit Sa Majesté, *n'ayant pu être admise, aux yeux de la loi comme aux nôtres, entre les Français qui gémissaient de notre absence* DANS L'INTÉRIEUR, *et ceux qui nous en consolaient* AU DEHORS.

Cette même ordonnance annonça la proposition future d'une loi *sur la restitution des biens non vendus.*

La loi, proposée le 13 septembre suivant, fut promulguée le 5 décembre, non comme loi de

____

(1) Présentation du projet de loi sur la restitution des biens non vendus des émigrés, par M. le comte Ferrand, ministre d'Etat; séance de la Chambre des députés, du 13 septembre 1814, *Moniteur* du 14 septembre.

restitution *des biens non vendus*, ce que néanmoins l'ordonnance du 21 août déclare positivement, mais bien comme loi de restitution *d'une partie des biens non vendus ;* ce qui, au surplus, en diminuant la quotité actuelle de la remise, ne touche en rien au principe de justice, fondement essentiel de la loi, comme de tous les actes qui l'ont précédée, et de ceux qui doivent la suivre, sous la réserve des conditions purement de fait qu'elle-même établit.

Considérée sous ce point de vue, tant par les motifs de sa présentation, officiellement développés, que par ceux de son adoption, discutés solennellement dans l'une et dans l'autre chambre, qualifiée D'ACTE DE JUSTICE dans son texte même, caractérisée comme telle par l'ensemble de ses dispositions, la loi du 5 décembre 1814 ne fut restreinte dans certaines bornes de justice effective, que par l'impossibilité reconnue, ou présumée, de ne pouvoir faire mieux pour le moment, dans les circonstances extraordinaires et supposées plus difficiles qu'elles ne l'étaient réellement, où se trouvait alors la France. Ce fut un à-compte légalement donné à des propriétaires dépossédés, en qui on reconnaissait le droit d'être restitués en entier, à titre de justice, et qu'une situation plus prospère des finances de l'Etat doit définitivement faire rentrer dans ceux de leurs biens que l'Etat pourrait encore leur rendre, et dans la valeur de ceux qu'il n'est plus possible à l'État de leur restituer en nature.

Le préambule de la loi dit formellement : « Dans » les dispositions de cette loi, nous avons consi-» déré le devoir que nous imposait l'intérêt de nos » peuples de concilier un ACTE DE JUSTICE avec » le respect dû aux droits acquis par des tiers, en » vertu des lois existantes ; avec l'engagement que » nous avons solennellement contracté et que nous » réiterons de maintenir les ventes des domaines » nationaux ; enfin, avec la situation de nos finan-» ces, patrimoine commun de la nombreuse fa-» mille dont nous sommes le père, etc. »

Ainsi, pourvu que les droits des tiers ne soient pas froissés, que la vente des biens nationaux soit religieusement respectée, que la situation des finances de l'État n'oppose point une funeste impuissance d'opérer le bien, la réparation que réclament les intérêts légitimes des émigrés et des condamnés à l'intérieur, ou leurs ayans-cause, ne saurait être refusée, l'acte de justice réclamé par la loi du 5 décembre 1814, et solennisé dans son principe par tous les actes antérieurs du pouvoir légitime, doit recevoir son entier accomplissement. Les Français qui furent dépouillés ont le droit d'invoquer le bénéfice constitutionnel et légal de cette réparation, de ce complément de justice, qui est dans la lettre et l'esprit de la Charte et des lois, comme il est dans le vœu de la morale et dans les besoins de la politique.

PREMIÈRE CONDITION : *Que les droits des tiers ne soient pas froissés.* Les tiers dont il est question ne peuvent être que les créanciers des émigrés, ou des condamnés à l'intérieur, pour des créances antérieures à la confiscation, et dont les biens confisqués étaient le gage. Mais avec la restitution entière, à titre de justice, telle que la Charte et les lois la commandent, et que l'Association la réclame, ces sortes de créances obtiennent avec certitude une garantie de payement, qui n'est rien moins qu'assurée avec le système de restitutions qui seraient faites partiellement, comme une faveur et à titre de grâce.

Les restitutions de faveur, outrageantes pour l'émigré ou le condamné à l'intérieur, qu'elles reconnaîtraient coupables, seraient onéreuses pour le créancier antérieur à la confiscation du bien, en ce sens que ce même bien rentrerait, dans ce cas, en la possession du restitué, comme *un acquêt* dégagé de toute hypothèque, par sa qualité, dès-lors réelle, de propriété domaniale; comme un don du Prince, que ne greverait aucune charge, et sur lequel, par conséquent, le créancier ne pourrait retrouver son action.

Les restitutions de justice, au contraire, en rendant un hommage réel à l'innocence de Français qui furent persécutés et dépouillés, *soit parce qu'ils gémissaient de l'absence du Roi à l'intérieur, soit parce qu'ils l'en consolaient au-dehors* (1), les remettent, autant que la chose est possible, selon les circonstances, au même état où les a trouvés la confiscation, et rendent ainsi, par une fiction de droit, leurs biens, ou la restitution en argent qui représente leurs biens, passibles des mêmes charges dont les biens étaient antérieurement grevés. Dans ce mode de restitution, où les biens restitués, et à défaut la valeur représentative de ces biens, deviennent *des propres,* le restitué doit l'être, en entier, comme le créancier doit être payé sur l'objet restitué même, et dans une proportion relative au mode, à la quotité et aux époques de la restitution.

En conséquence de ces principes, dont on ne peut méconnaître la puissance, non-seulement la restitution à titre de justice ne froisse pas les intérêts des tiers, les intérêts des créanciers antérieurs à la confiscation, mais elle les sert essentiellement ; et plus elle est absolue, plus elle est entière, plus aussi elle leur est favorable.

Deuxième condition : *Que la vente des biens nationaux soit religieusement respectée.* L'inviola-

____

(1) Ordonnance du 21 août 1814.

bilité des propriétés nationales est si religieusement respectée entre les mains de leurs possesseurs, par le fait de la restitution de justice dont
il est question, que cette inviolabilité est proclamée par la Charte et les lois que les émigrés et
les condamnés à l'intérieur, ou leurs ayans-cause,
invoquent hautement à l'appui de leurs justes demandes. La restitution dont ils réclament le bénéfice à l'égard de l'Etat, garantit donc puissam-
ment, bien loin de les infirmer, les droits des acquéreurs des biens nationaux. Cette vérité connue, il nous serait permis d'en rester là, puisque
la seconde condition mise à la justice qui est due
aux dépossédés, par la loi même en faveur des
possesseurs, se trouve remplie dans tous ses
points.

Mais à cette garantie positive, et qui résulte de
la nature même des réclamations faites au nom
des anciens propriétaires, vient se joindre la considération surabondante du bénéfice qui doit re-
venir aux propriétaires actuels, de cet acte de réparation, dont ils ne font pas les frais.

La dépréciation relative des propriétés dites nationales, est un fait si constant, qu'il est proclamé
par les adversaires mêmes du système salutaire de
la restitution en nature, ou en argent, pour raison
des biens confisqués. Ce fait ainsi reconnu, il faut
bien se décider à l'effacer, puisqu'évidemment, il

est nuisible à la fois à l'intérêt des particuliers et à l'intérêt général. Pour appliquer utilement le remède, il est indispensable de découvrir franchement la nature du mal.

Là loi ne peut plus rien au-delà de la protection qu'elle accorde également aux propriétés de toute origine. La puissance publique ne saurait aller plus loin que l'exécution rigoureuse des lois qui protègent les propriétés. Et cependant, si en définitive, les résultats de la protection légale, fortement réalisée par l'action de l'autorité, ne sont pas les mêmes pour les divers objets qu'elle embrasse, on doit en conclure que c'est hors de la loi et de l'exécution de la loi, qu'il faut aller chercher la force qui manque à son action. Cette force ne peut se trouver que dans une influence habilement dirigée sur l'opinion, puisque c'est dans l'opinion que réside le principe fatal de cette malheureuse différence, prouvée par les faits, entre deux sortes de propriétés, que la Charte a déclaré également inviolables et devoir en conséquence jouir de la même considération, obtenir la même prépondérance et la même valeur, puisque l'une et l'autre sont passibles des mêmes charges et sujettes à l'effet des mêmes lois. En désintéressant les anciens propriétaires, en essuyant les larmes accusatrices de ces malheureux et fidèles Français dont la misère affligeant les regards, effrayant les cons-

cïences, frappe d'une hypothèque morale, (la plus
terrible de toutes , parce qu'elle n'a d'autres bornes que la pensée) des biens que la violence leur
enleva, et dont la justice ne leur a pas encore restitué le prix, la restitution de justice réclamée par
l'Association , selon la Charte et les lois , au nom
des émigrés et des condamnés à l'intérieur, ou
leurs ayans-cause, victimes des confiscations révolutionnaires , doit, en résultat, rendre aux propriétés dites nationales leur valeur absolue, et
restituer ainsi, en réalité, à de nombreuses familles , la libre et entière jouissance de biens dont la
loi les a déclarés légitimes propriétaires, et dont
néanmoins, en plus d'un lieu, si l'on en croit
certains rapports, ils ne seraient en quelque sorte
que les usufruitiers perpétuels (1).

En conséquence de ces considérations dont chacun peut facilement apprécier le mérite , la restitution à titre de justice, à l'égard des anciens propriétaires des biens dits *nationaux*, bien loin de
nuire à ceux-ci, entre au contraire dans le besoin
réel de leurs intérêts ; et plus cette restitution sera
franche, entière, solennelle, plus aussi elle leur
sera profitable.

---

(1) *Vid.* M. Pagès, brochure contre l'Association , pu-
bliée au mois d'août 1821.

TROISIÈME CONDITION : *Que la situation des finances de l'Etat n'oppose point une funeste impuissance d'opérer le bien.* Sans doute, s'il était *impossible* à l'Etat d'exécuter les payemens que cette restitution salutaire, indispensable, rend nécessaires, il faudrait bien y renoncer et renvoyer à d'autres temps l'application d'un double principe de justice particulière et de bien public, qui serait interdite au temps présent. Mais heureusement pour la chose publique et pour l'intérêt respectif de deux classes de citoyens, que leur position actuelle sépare en quelque sorte en deux nations dans une nation, la France possède en elle-même les moyens *peu onéreux* d'assurer le bonheur de ses citoyens et sa propre conservation.

Dans un Ouvrage publié il y a plus de trois mois, et dont la Censure n'a point voulu permettre dans les journaux, même une simple annonce qui du moins en eût révélé l'existence au nombre infini de Français intéressés dans le but important de l'Association, l'auteur s'est principalement attaché à établir le droit des émigrés et des condamnés à l'intérieur, ou de leurs ayans-cause, à une restitution entière et de justice de la part de l'Etat, selon les principes dont une faible esquisse se trouve dans cet Avertissement (1). Dans un autre

---

(1) *De la Nécessité et de la Légalité de Demandes en in-*

Ouvrage, qui paraîtra incessamment, et qui aura pour but spécial de considérer la question sous le point de vue politique et financier (1), l'auteur se propose de démontrer combien sera imperceptible, dans le mouvement des finances de l'Etat, et au moyen du système qui sera présenté à cet effet, cette restitution que d'ailleurs jusqu'ici l'on n'a montrée sous un aspect si effrayant, qu'afin d'écarter une mesure de bien privé et de salut public, seul moyen d'établir en France l'union des esprits, base essentielle de la force et de la stabilité de l'Etat.

---

demnité, à raison de biens vendus par l'Etat, et de toutes autres Réclamations légitimes, à poursuivre par toutes voies et contre qui de droit, au nom d'Emigrés, ou autres Français dépossédés. — Vol. *in-8°.*, par M. SARRAN. — A Paris, chez *J.-G. Dentu*, imprimeur libraire de l'Association, rue des Petits-Augustins, n°. 5, et au Palais-Royal, Galéries du Bois, n°ˢ. 265 et 266; au Bureau de l'Association, rue de Marivaux, n°. 3, et chez les principaux libraires de Paris et des Départemens. — Prix : 5 fr., et 6 fr. par la poste, franc de port.

(1) *Des Confiscations révolutionnaires et des Restitutions en nature ou en argent, qui doivent en être les suites, considérées sous le double rapport de la Politique et des Finances.* — Vol. *in-8°.* — Par M. SARRAN.

On souscrit chez les mêmes, avec condition de payer le prix en retirant le volume.

Il sera démontré, comme déjà les esprits éclairés, impartiaux, en ont bien certainement la conviction, que la situation des finances de l'Etat, troisième et dernière condition, condition essentielle mise par la loi du 5 décembre 1814 à l'accomplissement de l'acte de justice dont cette loi proclame le principe, ne s'oppose point à ce que justice se fasse ; et que, toutes chances calculées, non-seulement nos finances ne souffriront point de ces payemens nécessaires, dont la possibilité, selon l'esprit et la lettre de la loi, commanderait seule l'exécution, mais encore qu'en définitif, elles devront y trouver plus d'un avantage réel, dont l'homme d'Etat, et surtout l'homme de bonne foi, sait révéler ou saura reconnaître l'existence.

Tels sont les principes et les aperçus que l'Association a pris pour bases et arrêté comme moyens principaux de ses opérations, renvoyant pour tous les développemens qu'exige un si vaste et si important sujet, aux ouvrages dont il vient d'être parlé, et à ceux dont les besoins légaux des intérêts légitimes pourraient successivement exiger la publication. On trouvera d'ailleurs, tant dans l'Ouvrage publié, que dans celui qui est annoncé comme devant paraître incessamment, des réponses victorieuses à toutes les objections opposées par l'erreur et la mauvaise foi, aux réclamations des émigrés, des condamnés à l'inté-

rieur, ou de leurs ayans-cause. Nous nous dispen-
serons en conséquence de donner à cet égard aucun détail qui serait incomplet, dans ce court
Avertissement, écrit seulement dans le dessein
de faire connaître l'esprit de l'Association et l'ensemble de ses moyens de succès, dont le plus essentiel, celui sans lequel il serait impossible de
compter sur aucun résultat assuré, est la réunion,
dans un même faisceau, de tous les intérêts de
même nature. Cette union imposante de réclamations légitimes, est seule capable de comman-
der la justice par les ressources de tout genre que
seule elle peut offrir dans une proportion assez
étendue, assez majestueuse, assez entraînante,
pour vaincre tous les obstacles, dissiper tous les
préjugés qui jusqu'ici se sont opposés, et qui,
sans l'union proposée, et tant que cette union
ne serait pas effectuée, s'opposeraient invinci-
blement à l'exécution si nécessaire d'un acte de
réparation, depuis si long-temps attendu et pro-
mis, et toujours retardé.

Dans tous les intérêts qui touchent à la politique, on doit compter sur les choses, et non sur
les hommes, procéder non par les individus, mais
par les masses. Cette règle générale s'applique
plus particulièrement à notre position actuelle.
Sous le Gouvernement représentatif, encore
plus qu'avec tout autre système de gouverne-

-ment moins en dehors , tout se fait par l'opinion ,
rien par le pouvoir, ou, en d'autres termes, le
pouvoir n'agit utilement , que lorsqu'il consacre ,
par un acte , les besoins de la société , que l'opinion publique proclame.

D'autres considérations plus particulières , et
qu'il serait superflu d'énumérer ici , militent encore en faveur de l'union dans le point central
de l'Association, des émigrés , des condamnés à
l'intérieur , ou de leurs ayans-cause , et générale-
ment de toutes les personnes intéressées dans les
suites des confiscations révolutionnaires , à l'effet
de réclamer utilement la restitution entière , à
titre de justice , soit en nature , soit en argent ,
des biens confisqués pour cause politique, pendant
la révolution. Nul ne peut se dissimuler qu'au
point où les choses politiques ont été amenées ,
quelque confiance que l'on puisse accorder à la
pensée de l'Administration , quelle que puisse
être la pureté ministérielle , les ministres ne se
trouvent toujours dans une position à désirer
qu'on leur force la main par quelque action coër-
citive venant du dehors , afin de pouvoir agir au
dedans selon leurs intentions , en les supposant
les meilleures du monde.

Déjà, malgré la résistance ténébreuse que l'an-
cien ministère a opposée à l'Association , malgré
les obstacles sans nombre qu'elle a eu à surmonter

pour naître, elle a vu se réunir dans son sein plusieurs familles intéressées dans le but qu'elle se propose, et qu'elle aura la force d'atteindre, puisqu'elle a eu le courage de le signaler.

Des personnes notables de France, affiliées à l'Association, ont même cédé au vœu que le fondateur leur a exprimé de prendre honorablement une part active à la direction supérieure de ses travaux, en formant les deux Conseils dont il est parlé aux Statuts, que l'on publie ici, afin que toute personne intéressée puisse connaître avec quelle sage circonspection, avec quel ordre rassurant, l'Association s'engage à procéder dans ses importantes opérations, et que personne ne puisse ignorer qu'elle est organisée d'une manière analogue à la grandeur de la tâche qu'elle s'est imposée.

Ainsi qu'on le verra par les articles 2 et 56 des Statuts ci-après, l'Association se charge, avec les formes particulières qui sont indiquées dans ces articles et dans ceux qui s'y rapportent, de toutes réclamations légitimes contre l'Etat, les communes, ou les administrations publiques, pour tous les cas étrangers à la demande *collective* qui doit être faite, comme il est dit plus haut, dans les suites des confiscations révolutionnaires. Quoique, dans l'examen et dans la poursuite de ces réclamations, l'Association se conduise d'après les grands principes législatifs, développés dans tous ses actes, on est prié toutefois de ne pas confondre ces réclamations *isolées*, qui ont des règles particulières d'administration et de comptabilité, avec la demande *collective* pour raison des suites de confiscations révolutionnaires, dont il est parlé dans tout le cours de cet Avertissement, et qui est spécialement mentionnée, relativement aux rapports de l'Association avec ses correspondans, aux articles 1er., 51, 52, 53, 54 et 55 des Statuts.

Voyez le POST-SCRIPTUM, après les Statuts.

STATUTS

DE

L'ASSOCIATION CONSTITUTIONNELLE

POUR LA DÉFENSE LÉGALE DES INTÉRÊTS LÉGITIMES.

CHAPITRE PREMIER.

Du But et des Moyens généraux de l'Association.

ARTICLE PREMIER.

L'Association constitutionnelle *pour la défense légale des intérêts légitimes*, fondée à Paris, par M. Sarran, au mois de juin 1821, a pour but principal de provoquer, et au besoin, de poursuivre la restitution entière, à titre de justice, en nature pour l'invendu, en argent pour le vendu, des biens, meubles et immeubles, dont les émigrés et les condamnés de l'intérieur, ou leurs ayanscause, restent dépossédés par suite et à l'occasion des actes révolutionnaires sur la confiscation des biens.

Cette première division se subdivise en deux, sections; savoir :

SECTION N°. I, dite *de la Propriété foncière, révolutionnairement* (1) *confisquée.*

SECTION N°. II, dite *des Propriétés non-foncières, révolutionnairement confisquées.*

ART. 2.

L'Association se charge également de poursuivre le payement de toutes créances légitimes contre l'Etat, les communes, ou les administrations publiques, réclamées par des Français non-frappés de confiscation révolutionnaire, ou par leurs ayanscause.

Cette division est classée comme suit :

SECTION N°. III, dite *des Réclamations légitimes, étrangères aux suites des confiscations révolutionnaires* (2).

ART. 3.

Il est expressément entendu que ce n'est qu'en vertu des principes et de la législation existante,

---

(1) Les mots *révolutionnaire, révolutionnairement*, ne sont ici que comme des termes génériques, nécessaires pour exprimer tout ce qui a rapport aux Gouvernemens de fait, qui ont exercé l'empire en France, pendant tout le temps où le pouvoir légitime en a été privé, c'est-à-dire depuis le 10 août 1792, jusqu'à la restauration. Cette explication est donnée, afin que la malveillance ne puisse nous supposer l'intention de réveiller des haines, qu'il est, au contraire, dans le but de l'Association d'éteindre à jamais, par l'emploi des moyens les plus effectifs.

(2) *Vid.* la note additionnelle au premier paragraphe de l'art. 56.

conformément à la Charte constitutionnelle et aux lois qui en sont dérivées, ou qu'elle a sanctionnées, comme point de droit, et non autrement, que l'Association procède pour obtenir les succès qu'elle attend de ses travaux, dans l'intérêt de la justice, si étroitement lié à l'intérêt puissant de la chose publique.

CHAPITRE II.

De l'Administration générale.

ART. 4.

L'administration générale de l'Association se compose des classifications suivantes :
1°. Un Conseil Général ;
2°. Un Conseil Dirigeant ;
3°. Une Direction des Travaux ;
4°. Un Conseil Judiciaire ;
5°. Une Direction de l'Administration ;
6°. Un Notaire-Trésorier et des Notaires-Receveurs.

CHAPITRE III.

Du Conseil Général.

ART. 5.

Le conseil général se compose de vingt-cinq membres, au moins, choisis parmi les personnes notables dans l'ordre politique et dans l'ordre social.

ART. 6.

Le conseil général s'assemble deux fois l'année, au commencement et à la fin de la session des chambres, sous la présidence et sur la convocation du président du conseil dirigeant, le secrétaire de ce même conseil tenant la plume.

ART. 7.

Dans chacune de ces deux séances ordinaires :

Le directeur des travaux de l'Association, au nom du conseil dirigeant, lit un rapport circonstancié sur les travaux de l'Association ;

Le directeur de l'administration, également au nom du conseil dirigeant, présente un état général de l'actif et du passif de l'Association ;

Enfin, le conseil dirigeant est renouvelé, selon ce qui est dit en l'article 11 ci après.

ART. 8.

Le conseil général peut être extrordinairement convoqué par le président.

ART. 9.

Les procès-verbaux des séances du conseil général sont signés par tous les membres présens à la séance.

CHAPITRE IV.

Du Conseil Dirigeant.

ART. 10.

Le conseil dirigeant se compose de neuf membres.

ART. 11.

Sept de ces membres sont pris dans le conseil général et renouvelés dans chacune de ses deux

(27)

séances ordinaires ; ils peuvent être indéfiniment réélus.

ART. 12.

Le directeur des travaux et le directeur de l'administration, sont membres nés du conseil dirigeant, en s'abstenant, toutefois, dans les délibérations qui concernent leur responsabilité respective.

ART. 13.

Le bureau du conseil dirigeant se compose d'un président et d'un secrétaire, pris dans son sein et qui sont réélus, ou confirmés, dans leurs fonctions respectives, deux fois l'année, immédiatement après le renouvellement, ou la confirmation, par le conseil général, des membres électifs du conseil dirigeant.

ART. 14.

En l'absence du président, le doyen d'âge remplit ses fonctions. En l'absence du secrétaire, le membre du conseil, le moins âgé, tient la plume.

ART. 15.

Les procès-verbaux du conseil dirigeant sont signés par le président et contre-signés par le secrétaire.

ART. 16.

Le conseil dirigeant s'assemble une fois la semaine, et, extraordinairement, chaque fois que sa réunion est nécessitée par les affaires de l'Association.

ART. 17.

Sur le rapport du directeur des travaux, ou sur

la proposition de l'un des membres du conseil, le conseil dirigeant autorise et approuve toutes publications de Mémoires et d'ouvrages quelconques, ainsi que toutes poursuites contre qui de droit.

ART. 18.

Sur la proposition, ou le rapport, du directeur de l'administration, le conseil dirigeant autorise, ou approuve, toutes les dépenses qu'il juge nécessaires au mouvement de l'Association.

ART. 19.

Toute autorisation, ou approbation, donnée par le conseil dirigeant, est consignée au procès-verbal et rapportée par le président et le secrétaire, au bas de la proposition ou du rapport présentés.

ART. 20.

Dans la séance du conseil dirigeant, qui précède chacune des deux séances ordinaires du conseil général :

Le directeur des travaux soumet un rapport circonstancié sur les travaux de l'Association, qui doit être lu dans la séance du conseil général, et que le conseil dirigeant approuve;

Le directeur de l'administration soumet également l'état général de l'actif et du passif de l'Association, que le conseil dirigeant arrête.

ART. 21.

Le conseil dirigeant nomme :

Sur la présentation du directeur des travaux, les jurisconsultes, membres du conseil judiciaire de l'Association et les chefs des diverses sections;

Sur la présentation du directeur de l'adminis-

tration, le notaire trésorier et les notaires receveurs de l'Association, ainsi que les chefs de comptabilité de la direction.

CHAPITRE V.

De la Direction des Travaux.

A R T.   22.

Toutes les publications de Mémoires et autres
ouvrages quelconques, qui sont jugées utiles, tant
au but principal pour lequel l'Association est instituée, qu'aux réclamations particulières qu'elle
se charge de faire prévaloir, sont faites par cette
direction.

A R T.   23.

La direction des travaux suit la correspondance
relative aux renseignemens et aux conseils deman-
dés par les personnes intéressées.

A R T.   24.

Elle classe dans leurs sections respectives les
diverses réclamations qui sont confiées à l'Association, et détermine, après avoir pris, quand il
y a lieu, l'avis du conseil judiciaire, les diverses
publications ou poursuites, pour lesquelles, toutefois, autorisation préalable doit être demandée
au conseil dirigeant, ainsi qu'il est dit en l'article 17.

A R T.   25.

Elle donne aux correspondans de l'Association
les instructions qui sont nécessaires pour imprimer à toutes ses parties un mouvement uniforme,

et maintenir la même jurisprudence sur tous les points et pour les diverses réclamations.

A R T. 26.

Le directeur des travaux est le chef immédiat de cette direction, et, à cet effet, il nomme à tous les emplois qui en dépendent, sauf les exceptions et les réserves portées en l'article 21.

A R T. 27.

Les dépenses de la direction des travaux rentrent dans l'administration de l'Association, et sont, en conséquence, portées sur les états de dépenses, dressés par le directeur de l'administration, selon les notes qui lui sont préalablemunt fournies par le directeur des travaux.

CHAPITRE VI.

Du Conseil Judiciaire.

A R T. 28.

Le conseil judiciaire se compose de jurisconsultes, nommés membres de ce conseil, en la forme prescrite par l'article 21.

A R T. 29.

Le nombre des membres du conseil judiciaire, est illimité.

A R T. 30.

Le conseil judiciaire donne par écrit son opinion motivée sur toutes les questions de droit, dont l'examen lui est soumis par le directeur des travaux.

CHAPITRE VII.

De la Direction de l'Administration.

ART. 31.

Tous les détails administratifs et financiers, tant intérieurs qu'extérieurs, sont du ressort de la direction de l'administration.

ART. 32.

Le directeur de l'administration, est le chef immédiat de cette direction, et, à cet effet, il nomme à tous les emplois qui en dépendent, sauf les exceptions et les réserves portées en l'article 21.

ART. 33.

Il passe tous actes et traités nécessaires au mouvement de l'Association, signe et consent, en sa qualité, tous engagemens relatifs ; mais avec l'autorisation préalable du conseil dirigeant, et sans pouvoir, en aucun cas, faire d'engagemens de commerce pour le compte de l'Association, qui ne va qu'avec ses propres fonds et ceux de ses affiliés ; le tout sous la garantie des formes administratives qui sont déterminées aux présents Statuts, et de celles qui peuvent être jugées utiles à l'avenir.

ART. 34.

C'est au nom du directeur de l'administration que sont passées les procurations envoyées par les divers intéressés, et que toutes poursuites quelconques sont faites.

A R T. 35.

Toutes les dépenses quelconques de l'Association, honoraires des deux directeurs et de toutes les personnes attachées à l'Association, à quelque titre onéreux que ce soit, loyer de locaux, frais de bureau et de correspondance des deux directions, frais de publications et autres, sont portées sur des états dressés par le directeur de l'administration, avec toutes les explications qui en justifient l'existence, ou qui en démontrent la nécessité.

A R T. 36.

Il est tenu par la direction de l'administration une double comptabilité :

L'une, relative à la demande collective contre l'Etat, de la restitution en nature, ou à défaut, en argent, pour raison des biens révolutionnairement confisqués, formant les sections n°s. 1 et 2, ainsi qu'il en est parlé en l'art. 1er.;

L'autre, concernant les réclamations isolées contre l'Etat, les communes ou les administrations publiques, étrangères aux suites des confiscations révolutionnaires, et formant la section n°. 3, ainsi qu'il en est parlé en l'art. 2.

CHAPITRE VIII.

Du Notaire-Trésorier et des Notaires-Receveurs.

A R T. 37.

Il peut être nommé en la forme prescrite par l'art. 21, tant à Paris que dans les départemens, plusieurs notaires pour encaisser, en donnant reçu, les rétributions versées par les émigrés, ou autres

Français intéressés dans la demande collective,
sections n°. 1 et n°. 2.

ART. 38.

Un seul notaire, à la résidence de Paris, reçoit
le titre et remplit les fonctions de *notaire-trésorier* (1) de l'Association.

ART. 39.

Tous les fonds reçus pour le compte de l'Association, tant à Paris que dans les départemens,
concernant la demande collective, sont envoyés au
notaire-trésorier.

ART. 40.

C'est avec le notaire-trésorier seul que l'Association, par l'intermédiaire du directeur de l'administration, établit sa comptabilité relativement
à la demande collective.

ART. 41.

Le notaire-trésorier, en aucun cas, ne peut rien
payer que sur les états du directeur de l'administration, ordonnancés en la manière prescrite par
les articles 19 et 20 (2).

---

(1) Mᵉ. Vernois, notaire royal, rue J.-J. Rousseau,
n°. 18, à Paris.

(2) Au moment où ces Statuts sont publiés, il n'a pas
encore été touché aux rétributions dont le montant est déjà
versé chez Mᵉ. Vernois, notaire-trésorier de l'Association.
Ainsi, l'emploi de ces fonds sera entièrement soumis aux
formes administratives déterminées aux présens Statuts.

CHAPITRE IX.

Du Mouvement des fonds et de la Comptabilité en général.

ART. 42.

Le directeur de l'administration tient ou fait tenir sous sa responsabilité, deux caisses :

L'une, relative à la demande collective, contre l'Etat, de la restitution en nature, ou à défaut, en argent, pour raison des biens révolutionnairement confisqués, sections n°. 1 et n°. 2, sous la dénomination de *Caisse administrative de la Demande collective ;*

L'autre, concernant les réclamations étrangères aux suites des confiscations révolutionnaires, section n°. 3, sous la dénomination de *Caisse administrative des Réclamations isolées.*

ART. 43.

Ces deux caisses administratives fournissent aux dépenses générales de l'Association, en proportion de la masse respective des demandes ou des réclamations auxquelles chaque caisse se rapporte.

ART. 44.

Les avances relatives aux diverses publications et aux autres frais particuliers, sont faites par la caisse, dont le service se rapporte à la nature de la réclamation.

ART. 45.

Il ne peut y avoir habituellement dans les deux

caisses administratives que les fonds jugés nécessaires aux besoins de leurs services respectifs.

ART. 46.

La caisse administrative de la demande collective
est alimentée au moyen des dépôts versés chez les
notaires de l'Association par les divers intéressés
dans les suites des confiscations révolutionnaires,
sections n°. 1 et n°. 2, et préalablement remis chez
le notaire-trésorier.

ART. 47.

La caisse administrative des réclamations isolées,
s'alimente avec les fonds directement envoyés au
directeur de l'administration par les divers autres
réclamans, étrangers aux suites des confiscations
révolutionnaires.

ART. 48.

Le montant des bénéfices qui peuvent provenir
éventuellement des publications quelconques faites
par l'Association, est versé dans la caisse, dont le
service se rapporte à la nature de la publication.

ART. 49.

L'excédant de la caisse administrative des réclamations isolées, distraction faite de la somme que
le conseil dirigeant juge nécessaire d'y laisser, par
rapport seulement à la garantie des réclamations
isolées, non terminées, se partage entre les ayans-
droit aux bénéfices éventuels de l'Association, dans
les proportions particulières qui sont convenues
entre eux.

ART. 50.

Le cas arrivant du succès de la demande collec-

tive de la restitution en nature ou en argent, pour
raison des biens révolutionnairement confisqués,
les soldes des deux caisses administratives, de la
caisse du notaire-trésorier, et de tous les autres
dépôts de rétributions, sont réunis dans une seule
caisse qui prend la dénomination générale de *Caisse
de l'Association.*

Les sommes réunies dans la caisse de l'Association, se partagent dès-lors entre les ayans-droit
aux bénéfices éventuels de l'Association, distraction faite de la somme que le conseil dirigeant
juge nécessaire d'y laisser, pour faire face aux
avances, tant des premiers frais de liquidation
des créances provenant de la demande collective,
que des frais relatifs à la poursuite et à la liquidation des réclamations isolées, non terminées.

CHAPITRE X.

*Dispositions particulières concernant les divers in-
téressés dans la demande collective pour les
suites des Confiscations révolutionnaires, formant les sections n°. 1 et n°. 2 de l'Association.*

ART. 51.

Fait partie de l'Association toute personne intéressée, à quelque titre et sous quelque dénomination que ce puisse être, dans les suites de la demande collective de la restitution en nature pour
l'invendu, en argent pour le vendu, des biens révolutionnairement confisqués, toutes les fois
qu'elle aura remis ou fait remettre au notaire-
trésorier de l'Association, ou à l'un des notaires
receveurs, le montant de la rétribution pécuniaire
dont est parlé en l'article suivant.

ART. 52.

Cette rétribution est de 100 f. au plus et de 20 f. au moins, pour toute personne ayant un intérêt quelconque dans les suites des confiscations révolutionnaires.

ART. 53.

Toutefois, et par exception, les personnes intéressées comme réclamantes dans les suites des confiscations révolutionnaires, à qui leur position malheureuse ne permet pas même le léger sacrifice du *minimum* demandé, sont autorisées et même invitées à faire partie de l'Association, en envoyant leur procuration, selon ce qui est dit en l'art. 55, mais sans être obligées à aucun versement; l'Association, à cet égard, s'en rapportant entièrement à leur délicatesse, comme elles peuvent compter sur sa discrétion.

ART. 54.

Plus tard, et seulement lorsqu'il y aura lieu à liquidation, les personnes faisant partie de l'Association, intéressées comme réclamantes dans les suites des confiscations révolutionnaires, enverront, s'il en est besoin, à l'administration de l'Association, les renseignemens qui pourraient devenir nécessaires à l'Association, relativement à leurs réclamations respectives, d'après une invitation collective ou particulière, publique ou privée, qui pourra leur être faite à ce sujet.

ART. 55.

Elles doivent, en attendant, adresser au directeur de l'administration leurs pouvoirs, selon le modèle annexé aux présens Statuts.

CHAPITRE XI.

Dispositions particulières relatives aux Réclamations légitimes contre l'Etat, les Communes ou les Administrations publiques, étrangères aux suites des confiscations révolutionnaires, formant la Section n°. 3.

ART. 56.

Quant aux réclamations isolées, dont il est parlé en l'art. 2, étrangères aux suites des confiscations révolutionnaires (1), le réclamant adresse au directeur de l'administration son Mémoire à consulter.

Si l'opinion du conseil judiciaire n'est point favorable au réclamant, le directeur des travaux lui en donne avis, et dans ce cas, la consultation est gratuite. Dans le cas contraire, c'est-à-dire, si l'opinion du conseil judiciaire est favorable, le directeur, en faisant connaître au réclamant les conditions auxquelles l'Association peut se charger de poursuivre et de liquider, demande les pièces ou renseignemens, ainsi que les pouvoirs nécessaires à cette poursuite et à cette liquidation.

---

(1) Sont néanmoins comprises dans cette catégorie des réclamations *isolées*, toutes réclamations provenant même des suites de confiscations révolutionnaires, toutes les fois que le réclamant juge à propos d'agir isolément et indépendamment de la demande collective, dans les cas ci-après désignés :

1°. Pour l'exécution de la loi du 5 décembre 1814, à raison des restitutions qu'elle commande;

2°. Pour toute réclamation de choses mobilières, telles

CHAPITRE XII.

Dispositions générales et transitoires.

ART. 57.

Le conseil dirigeant actuel est investi du droit de nommer les membres du conseil général, dans lequel doivent entrer principalement les personnes notables qui, depuis le mois de novembre 1821, se sont réunies régulièrement, une fois la semaine, dans l'intérêt de l'Association, et parmi lesquelles ont été choisis, avec l'assentiment de leurs pairs, les sept membres électifs du conseil dirigeant.

ART. 58.

Cette organisation primitive du conseil général étant faite, le conseil se complète lui-même, par la suite, toutes les fois qu'il vient à vaquer quelque place dans son sein.

ART. 59.

Le conseil dirigeant actuel fixera le jour de la première réunion du conseil général.

---

que livres, tableaux, statues et meubles quelconques, qui sont actuellement à la disposition de l'État, si le réclamant juge à propos de suivre sa réclamation immédiatement, et sans attendre les résultats de la demande collective, qui doit, en résultat, produire la restitution en nature de ce qui n'est pas vendu, et en argent de ce qui est vendu;

3°. Pour toute réclamation à raison des biens mobiliers, ou immobiliers, qui se trouvent non-vendus entre les mains de tiers, soit que ces biens aient été donnés en jouissance gratuite, soit qu'ils aient été envahis.

(40)

ART. 60.

Dans l'intervalle qui doit s'écouler d'ici à cette première réunion du conseil général, le conseil dirigeant le supplée en toutes choses.

ART. 61.

Toutes additions, ou modifications aux présens Statuts, ainsi que tous réglemens relatifs à l'administration, ou aux travaux de l'Association, peuvent, dans le même intervalle, être votés définitivement par le conseil dirigeant, à la majorité des voix des membres qui le composent.

ART. 62.

Lorsque le conseil général aura été mis en action, les diverses additions, ou modifications aux Statuts, et tous réglemens nécessaires, votés provisoirement par le conseil dirigeant, n'acquerront une autorité définitive que lorsqu'ils auront été sanctionnés dans les assemblées du conseil général, à la majorité des voix des membres présens.

ART. 63.

Les présens Statuts, présentés par M. SARRAN, fondateur de l'Association, et arrêtés, après examen et discussion préalables, par les Membres actuels du conseil dirigeant, sont obligatoires et définitifs, sauf les additions, ou modification qui peuvent y être apportées, ou tous réglemens qui peuvent être faits, selon les besoins de l'Association, en la forme prescrite par les deux précédens articles.

ART. 64.

Ils pourront être imprimés et publiés après autorisation préalable du conseil dirigeant.

Fait à Paris, le vingt-deux janvier mil huit cent vingt-deux.

Publié par autorisation du Conseil Dirigeant.

Pour copie conforme,

Le Directeur des Travaux de l'Association,

SARRAN, *Fondateur.*

Paris, le 1er. Mars 1822.

MODÈLE DE PROCURATION,
SELON L'ARTICLE 55,

Pour les Émigrés et les Condamnés de l'intérieur, ou leurs ayans-cause, réclamans dans la Demande collective pour les suites des Confiscations révolutionnaires, formant les Sections N°. 1 et N°. 2 de l'Association.

PARDEVANT M°.
est comparu M
(*expliquer ici la qualité en laquelle agit le Constituant*), lequel a, par ces présentes, donné pouvoir à M.
Directeur de l'Administration de l'*Association constitutionnelle pour la défense légale des intérêts légitimes*, à Paris, de, pour et au nom du Constituant, former, par toutes les voies constitutionnelles et légales, contre qui de droit, une demande pour raison de ce dont il (*ou bien de ce dont N,* auteur du Constituant) a été dépossédé par le fait des confiscations révolutionnaires; faire, en conséquence, toutes réclamations et poursuites quelconques; obtenir tous jugemens; consentir tous abandons, moyennant indemnité, et suivre toutes liquidations à ce relatives.

(On peut, à défaut d'une procuration notariée, envoyer une Procuration sous seing-privé, en la forme suivante, pourvu qu'elle soit sur papier timbré, duement légalisée et enregistrée.)

Modèle de Procuration sous seing-privé, selon l'article 55,

Pour les Émigrés et les Condamnés de l'intérieur, ou leurs ayans-cause, réclamans dans la Demande collective pour les suites des Confiscations révolutionnaires, formant les Sections N°. 1 et N°. 2 de l'Association.

Je soussigné (*nom, prénom, qualité et demeure*) donne pouvoir à M.
Directeur de l'*Association constitutionnelle pour la défense légale des intérêts légitimes*, à Paris, de, pour moi et en mon nom, former, par toutes les voies constitutionnelles et légales, contre qui de droit, une demande pour raison de ce dont j'ai (*ou bien*, de ce dont *N*) a été dépossédé par le fait des confiscations révolutionnaires; faire, en conséquence, toutes réclamations et poursuites quelconques; obtenir tous jugemens; consentir tous abandons, moyennant indemnité, et suivre toutes liquidations à ce relatives.

POST-SCRIPTUM.

Nous ne pouvons nous dispenser de rappeler ici les attaques, plus maladroites encore qu'indécentes, dirigées contre l'Association et son fondateur, par MM. Manuel et Benjamin Constant, dans les séances de la Chambre des Députés des 26 et 31 janvier. Mais, afin d'apprécier entièrement le mérite de ces mensonges, vraiment officieux, et de tirer tout le parti possible de l'imprudence de ceux qui ont eu le courage de se les permettre, il est essentiel de prendre les choses de plus haut, et de remonter à l'époque où l'Association a été fondée.

A peine eût-elle fait paraître son Prospectus, à peine *la Foudre* du 25 juillet, et *la Quotidienne* du 3 août, eurent-elles dit quelques mots pour signaler son apparition, et indiquer succinctement pourquoi et comment elle était instituée, que le ministère d'alors, et la révolution de tous les temps, unirent leurs efforts pour l'étouffer dès sa naissance.

Celle ci, voulant se maintenir pour tenter continuellement un triomphe que repoussent ses propres souvenirs ; celui-là, tenant beaucoup à conserver quelque chose de la révolution, dans l'intérêt de son despotisme, également ennemi du pouvoir légitime et de la liberté légale : l'un et l'autre durent nécessairement se montrer les ennemis naturels d'une institution dont le but est d'éteindre les partis dans leur véritable foyer, de désespérer à jamais toutes les usurpations avides de dissentions politiques, en effaçant les divisions d'intérêts, qui séparent les citoyens d'un même Empire, les enfans d'un même père, en deux peuples différens, toujours prêts à se combattre, à se déchirer, au profit de quelques ambitieux, seuls intéressés à entretenir les élémens de discorde entre les citoyens qu'ils veulent opprimer, à perpétuer les causes des haines publiques au sein d'un pays qui se livre ainsi à leur dévorante domination.

L'arme de la censure, si propre à servir les prétentions des tyrans de toutes les couleurs, qui ne peuvent avoir raison que par l'oppression systématique de la pensée et le silence légal de la vérité, ne resta point oisive entre les mains du ministère, qui s'en servit pour défendre, dès le 4 août, toute annonce relative à l'Association dans les journaux royalistes, (empressés à suivre l'impulsion donnée par *la Quotidienne* de la veille), tandis qu'après la déclaration officielle qui fut faite à la *Gazette de France* de cette détermination prohibitive, il fut permis au *Courrier français* d'imprimer un long article, où le rédacteur dénaturait avec d'autant plus de confiance les intentions écrites dans notre Prospectus, où il avançait d'autant plus hardiment que l'Association était instituée pour diriger des attaques contre les acquéreurs des biens nationaux, qu'il s'était sans doute plus fortement assuré de ne pouvoir être démenti dans ses assertions, scandaleusement mensongères, par les journaux royalistes, prudemment retenus par l'empêchement invariable de la Censure ministérielle.

Vers ce même temps, l'Association fut également calomniée par un journal anglais, le *Morning-Chronicle*, qui est à peu près à Londres ce qu'est à Paris le *Courrier français*. Et au nom du Roi, de qui émane toute justice; du Roi, protecteur héréditaire de tous les droits légitimes, le droit légitime de la défense personnelle nous fut interdit. En vain tout fut essayé pour répondre par quelques mots, et à l'opinion aussi faussé qu'inconvenante, émise par un journal étranger, sur une question déplacée à dessein par la mauvaise foi, et au manifeste d'un journal français, qu'une simple explication eût suffi pour empêcher d'être alarmant, par rapport à une portion notable de propriétaires; toutes les tentatives furent inutiles. Un ministère ennemi, aidé de censeurs dociles aux inspirations les plus funestes, voulut que les meilleures instructions publiées au sein de la France, fussent outrageusement méconnues chez un peuple étranger, et que les alarmes les plus dangereuses à la tranquillité publique, fussent répandues en France même, sans nul obstacle qui pût en modifier l'effet, pourvu que des Français, amis de la justice, dont le despotisme ministériel n'avait que faire, fussent impunément calomniés, et par-là fortement entravés, dans le noble dessein d'opérer cette réunion des esprits si désirée, et que peut seule produire la consolidation morale du sol, qu'on ose les accuser de vouloir infirmer, lorsqu'ils en réclament les bienfaits effectifs pour leur patrie.

Les agens secrets et les agens publics du ministère reçurent des ordres clandestins, tendant à armer toute la force de l'arbitraire administratif contre une Association constitutionnelle qu'on voulait anéantir, mais que l'on n'osait, et surtout que l'on ne pouvait combattre avec les armes légales.

Plusieurs dépositaires de la confiance ministérielle, ravis, en obéissant aux instructions mystérieuses et pressantes de leurs maîtres, de caresser les passions de parti, dont ils sont dévorés, se firent un sacrilége devoir de tromper l'opinion en arrêtant la propagation des écrits de l'Association, en employant tous les moyens et toute l'influence de leur position, pour dénaturer, enchaîner, ou déconcerter la bonne volonté des hommes que l'Association avait cru devoir choisir pour être les honorables auxiliaires de ses premiers travaux.

Aux portes de la capitale, un juge de paix et un maire osèrent se présenter chez un de leurs administrés, émigré, et l'engager par des paroles menaçantes à jeter au feu des imprimés de l'Association, dont le fondateur, disaient-ils, était entre les mains de la justice, pour les publications qu'il avait faites. Ailleurs, un Préfet connu, et presque célèbre par son administration officieusement despotique, crut pouvoir se permettre d'envoyer chez un Maire, intéressé dans le but de l'Association, des gendarmes pour enlever ces mêmes imprimés des mains de cet honorable Magistrat, qui se refusa énergiquement et avec succès à cet acte illégal, inconstitutionnel et vraiment tyrannique. Le Préfet qui s'est rendu coupable de cet abus de pouvoir, n'a dû, dit-on, de n'avoir pas subi la juste peine d'une destitution, désirée par la masse de ses administrés, fatiguée de son despotisme, qu'à l'excessive générosité d'un nouveau Ministre, dont il avait eu le bonheur de se montrer l'ennemi, dans un temps où ce Ministre, alors simple particulier, et candidat d'élection honoré de la faveur publique, avait eu beaucoup à se plaindre de certaines mesures tranchantes d'influence contraire, que M. le Préfet ne lui avait pas épargnées.

Pour les faits que nous venons de citer, comme des exemples pris au hasard dans la foule de ceux qui nous étaient offerts, il y a eu résistance, et la violence de l'arbitraire est venue se briser devant la force de la loi, heureusement invoquée. Mais dans combien de circonstances, des despotes administratifs n'ont-ils pas rencontré des esprits faibles, méticuleux, indifférens ou adulateurs, dociles aux inspirations de l'homme en place, que les habitudes impériales, mieux conservées dans les administrations départementales qu'à Paris, élèvent aux yeux de bien des gens, en grande partie fort respectables dans leur vie privée, au déssus des lois, que néanmoins la fermeté du citoyen n'invoquera jamais vainement sous le règne tutélaire d'un Bourbon ?

Au moyen de cette influence plus ou moins prononcée, mais également illégale et allant toujours vers le même but, l'anéantissement de cette Association constitutionnelle, incommode pour ceux qui ne veulent ni de la justice qui appelle l'union, ni de l'union qui repousse le désordre et le despotisme, nos efforts étaient paralysés, mais notre constance restait la même. Soutenus par la conscience du bien qui était dans nos cœurs, et que la raison légale nous permettait de rechercher, nous étions encouragés par l'espérance que la vérité connue éclairerait les esprits, raffermirait les cœurs, anéantirait toutes les faiblesses, dissiperait tous les préjugés, et ferait taire ainsi l'erreur et la malveillance devant la bonne foi et la nécessité générale de nos propositions.

Mais la Censure tenait encore la vérité captive : nos adversaires ne l'ignoraient pas ; ils en profitaient pour essayer de nous décourager, en nous accablant de toutes sortes de dégoûts. Tous les moyens étaient permis ; aucun ne pouvait être utilement repoussé, dans le silence forcé où nous condamnait l'oppression de la pensée ; tous furent tentés ; rien ne fut négligé ; on alla même jusqu'à la menace. Ne pouvant nous dominer par d'autres moyens plus en usage, mais impuissants contre une grande détermination, on tentait de nous subjuguer par la crainte. La crainte ! faible ressource que l'arbitraire use sans fruit, quand il la dirige sur des cœurs remplis d'une noble pensée.

Ce fut sans doute cette protection exclusive, qu'essentiellement l'inquisition préventive de la presse périodique réserve au mensonge au détriment de la vérité, qui enhardit

M.

M. Manuel à monter, le 26 janvier, à la tribune de la
Chambre des Députés, un imprimé de l'Association à la
main, pour déclarer formellement que cet écrit disait le
contraire de ce qu'il dit effectivement, pour dénoncer l'Association comme destinée à diriger des attaques contre les
acquéreurs des biens nationaux, lorsque, dans ce même
écrit présenté par M. Manuel, comme pièce justificative de
sa dénonciation, et QUE M. MANUEL TENAIT A LA MAIN,
l'intérêt des acquéreurs des biens nationaux est non-seulement respecté, mais encore représenté comme devant
éprouver une amélioration notable, juste, nécessaire, indispensable, par les résultats éventuels de l'Association.

Une lettre explicative que, dès le 28 janvier, jour de
l'impression du discours de M. Manuel dans le *Moniteur*,
le *Constitutionnel* et le *Courrier*, je m'empressai d'adresser à
divers journaux pour repousser l'assertion calomnieuse de
M. Manuel, fut supprimée par la Censure et les censeurs mi-
nistériels, dévoués aux choses et aux hommes de qui la Censure et les censeurs tenaient leur puissance, et compromettant
ainsi les nouveaux ministres qui avaient eu l'imprudence de
les conserver : ce qui prouve assez victorieusement que ce ne
serait pas sans motif que M. Manuel aurait compté sur la
Censure et sur les censeurs, comme sur des complices qui
devaient seconder sa lâche calomnie.

Enflammé par ce premier succès contre une institution et
un homme qui ne pouvaient pas se défendre, M. Benjamin
Constant, aussi courageux et aussi véridique que M. Manuel,
vint confirmer, dans la séance du 31 janvier, la dénonciation de son honorable ami, disant avoir lu le prospectus
incriminé, que M. Manuel tenait à la main quand il lui avait
prêté des déclarations contraires à son texte formel.

Aucun membre de la Chambre n'avait répondu à l'attaque

de M. Manuel, aucun membre de la Chambre ne dut répondre sur le-champ à la récidive de M. Benjamin Constant; et il faut bien l'avouer, j'avais été bien aise moi-même que les censeurs, dans leur ardente amitié pour M. Manuel, eussent *intercepté*, comme l'a spirituellement exprimé le rédacteur du *Drapeau blanc*, la lettre explicative que j'avais adressée le 28 janvier aux journaux. En effet, si la lettre avait été insérée, comme si un Député eût pris la peine de réfuter M. Manuel, M. Benjamin Constant n'aurait point parlé. D'un autre côté, en laissant passer quatre ou cinq jours sans dire mot sur le discours de M. Benjamin Constant, on engageait à s'expliquer dans le même sens tout orateur qui, voulant seconder les deux premiers apôtres de la calomnie, aurait cru pouvoir impunément s'en montrer le soutien. En politique, ce que l'on doit désirer le plus, c'est la manifestation de tous les sentimens vils, de toutes les pensées honteuses, afin de pouvoir s'en faire une arme en les signalant dans les actes de ses adversaires.

Sans doute, nous avons éprouvé un indicible plaisir en voyant que, dans cette honorable Chambre des Députés, où brillent tant de talens, où éclatent tant d'intentions généreuses, MM. Manuel et Benjamin Constant, seuls aient pu tomber à ce dégré de *faiblesse*. Mais si la France avait été assez malheureuse pour qu'une conduite aussi extraordinaire dans des hommes revêtus du plus auguste caractère, eût trouvé quelques imitateurs au sein des élus de la nation, il eût été utile à ses intérêts et digne de nos devoirs de les démasquer aux yeux de la France même, afin qu'elle fût éclairée sur des motifs qui, à l'avenir comme dans le présent, auraient pu attirer ou repousser sa confiance.

Dans cet état de choses, le 4 février seulement, M. le comte de Monbron réfuta, devant la Chambre, les calomnies audacieuses, dont MM. Manuel et Benjamin Constant s'étaient rendus coupables à l'égard de l'Association et de son fondateur. L'honorable membre apporta pour toute preuve, mais comme preuve irrécusable des mensonges flagrans proférés par les deux calomniateurs, les expressions même de l'écrit incriminé, que, sans le citer, M. Benjamin Constant, *qui l'avait lu*, et M. Manuel, *qui le tenait à la main*, avaient pris pour base de leur fausse dénonciation. Ce fut d'après la même façon de procéder que, le lendemain 5, je donnai à ces Messieurs un *démenti formel*, auquel jusqu'à présent ils n'ont pas jugé à propos de répondre, quoique la brochure dans laquelle les motifs en sont franchement développés, ait paru et se trouve encore chez plusieurs libraires de la capitale, et qu'elle ait été annoncée, notamment dans le *Drapeau-blanc*, la *Quotidienne*, la *Foudre* et le *Moniteur* (1).

Ecartant les réflexions fâcheuses pour MM. Manuel et Benjamin Constant, relativement à leur conduite avant et après le démenti formel qu'ils m'ont mis dans la triste nécessité de leur donner, je m'attacherai seulement à faire remarquer la pauvreté de moyens des adversaires de l'Association, réduits à mentir avec connaissance de cause, pour essayer une illusion de quelques jours, de quelques heures, d'un instant; à démontrer ainsi la force réelle de l'Association, contre laquelle on n'a pu rien armer que l'arbitraire, ni rien opposer que des mensonges; et quels mensonges! Cette tactique décriée d'attaque contre une institution qui

______

(1) *Démenti formel donné à MM. Manuel et Benjamin Constant*, par M. Sarran, sur un incident élevé dans les Séances de la Chambre des Députés des 26 et 31 janvier 1822. — Broch. *in-8°*. — Prix : 60 c. — A Paris, chez J.-G. Dentu.

(52)

se défend par la seule force de ses principes et de la nécessité de ses propositions, fait ressortir une observation importante, dont nous devons prendre acte contre la précieuse mauvaise foi de nos malheureux antagonistes. Intéressés à détruire une Association *constitutionnelle* pour la défense *légale* des intérêts *légitimes*, qui les menace de la justice, de l'ordre et de tout ce qui peut établir fortement la prospérité et la stabilité de l'Etat, ils se sont bien gardés toutefois de la combattre dans son but avoué et reconnu, qui est d'indemniser de la confiscation dont ils ont été les victimes, des familles recommandables par leur dévouement au Roi et aux lois de leur pays.

L'atrocité de ce moyen, qui eût révolté la généralité des Français en blessant les convenances et l'équité, ces deux puissances morales qu'il n'est pas permis de dédaigner en France, leur a paru devoir être abandonnée, parce qu'ils en ont eu peur. Ils ont préféré se créer un prétexte qu'ils pussent offrir comme le point de mire de toutes leurs exagérations; et, en conséquence, ils ont *supposé* que l'Association voulait, chose impossible non moins qu'inconstitutionnelle, diriger des attaques contre *les acquéreurs* (1) des biens nationaux.

Mais le résultat nécessaire de cette combinaison, est de déclarer que sans nulle exception même des hommes qui veu-

---

(1) M. Demarçay a confondu les acquéreurs des biens nationaux avec ceux qui ne l'étaient pas. On peut attaquer celui qui, sans acte de vente, ou même à la faveur d'un acte de vente, aura envahi une portion de propriété qui n'y est point comprise. Etablir une exception contraire, serait vouloir étendre à des non-acquéreurs, à des spoliateurs, la protection constitutionnelle et légale accordée aux acquéreurs. Nous rendons à M. Demarçay la justice de croire que c'est comme acquéreur qu'il s'est mis en jouissance des biens nationaux qu'il possède.

lent le moins du but avoué et reconnu de l'Association, personné en France ne s'oppose, du moins en apparence, à ce que toute injustice, tout malheur réparable , soit réparé; ce qui est un point fort essentiel, sur lequel nous sommes fort aises d'être ouvertement d'accord avec tout le monde.

Et si, comme il est si facile de le faire, il est bien prouvé que le prétexte mis en usage par nos adversaires, ne repose même sur aucune probabilité; qu'il est repoussé par la nature et les résultats forcés de l'Association, contre laquelle on s'en sert toutefois comme de là seule arme qui puisse la détruire; s'il est évidemment démontré que, bien loin d'infirmer les droits des acquéreurs des biens nationaux, l'Association, au contraire, les assure dans tous les effets qu'ils doivent avoir, en voulant qu'en définitif les propriétés auxquelles ils se rapportent obtiennent la valeur, que, dans l'état actuel des choses, l'opinion du capitaliste ne leur accorde pas au même degré qu'à d'autres propriétés, il faudra bien que nos adversaires conviennent, du moins par leur silence, que l'Association est éminemment utile, non-seulement à l'intérêt des anciens propriétaires, qu'elle tend à satisfaire, à l'intérêt des nouveaux propriétaires, qu'elle offre les seuls moyens de satisfaire en entier, mais surtout à l'intérêt général qui suit nécessairement la condition plus ou moins heureuse, plus ou moins assurée des intérêts des particuliers.

Or, tous ces bienfaits privés et publics découlent, comme des conséquences naturelles, du principe générateur, régénérateur et conservateur, que l'Association a pris pour base de ses travaux, la justice, que les méchans peuvent seuls redouter pour les cas particuliers, comme pour des circonstances plus générales, mais dont les bons citoyens invoqueront toujours l'influence salutaire, tant sur les actes de leur vie civile que dans le réglement des affaires qui tiennent au mouvement de la politique.

Les acquéreurs des biens nationaux, qui n'ont rien à demander quant à la garantie de leur propriété, assurée par la loi et la surveillance active de la puissance publique, ne pourraient avoir quelque chose à prétendre que par rapport à la valeur de ces biens, moindre, en général, relativement à la valeur relative des biens dits patrimoniaux, par la seule raison que les anciens propriétaires des biens confisqués n'ont pas encore reçu l'indemnité qui ferait disparaître dans l'opinion toute différence entre la propriété patrimoniale et la propriété nationale, différence cependant qu'il est dans le but de la loi d'effacer entièrement, dans l'intérêt des propriétaires qui en souffrent. Les acquéreurs des biens nationaux de toute origine sont donc fondés à désirer, et ceux des biens nationaux de seconde origine à exiger, que l'Etat prenne toutes les mesures nécessaires pour que les biens qu'il leur a vendus, et dont la propriété leur a été irrévocablement et utilement garantie par le pouvoir légitime, obtiennent en leurs mains la valeur réelle qu'ils doivent avoir. En ce sens, les acquéreurs des biens nationaux sont particulièrement intéressés dans le but de l'Association ; et c'est ainsi que, relativement à cet intérêt, l'art. 51 des Statuts et tous les articles qui s'y rapportent, ont été rédigés d'une manière large, qui embrasse les intérêts divers, attachés aux suites encore non-éteintes des confiscations révolutionnaires.

Nous ne nous dissimulons point toutefois que cet intérêt ne soit en seconde ligne des intérêts particuliers, quant à sa quotité ; les acquéreurs des biens nationaux, quoiqu'intéressés, dans le système de l'indemnité à payer par l'Etat aux anciens propriétaires, l'étant nécessairement à un degré bien moins élevé que ceux-ci, puisqu'ils ne sont privés que d'une partie de la valeur de leurs biens, tandis que les anciens propriétaires sont en souffrance de la valeur entière de leurs biens vendus et de leurs biens-meubles et immeubles invendus et non encore restitués.

C'est donc aux anciens propriétaires, émigrés, condamnés de l'intérieur, ou leurs ayans-cause, qu'il convient principalement, mais indispensablement, d'unir leurs intérêts de même nature dans le point central de l'Association, dont les heureux résultats, nous le répétons, ne sauraient en aucune façon se réaliser, si ceux qui y sont si fortement intéressés ne s'empressaient d'opérer cette union, déjà commencée, et sans laquelle rien de ce que la justice et le malheur ont le droit de réclamer, ne peut être accordé par le pouvoir : car le pouvoir a besoin de voir l'opinion éclairée et tous les préjugés dissipés par une masse imposante de droits légitimes et de vives lumières, sur une question qu'il serait à coup sûr imprudent de résoudre par une loi financière, avant que ces conditions essentielles ne soient préalablement remplies.

SARRAN,

Fondateur de l'Association constitutionnelle pour la défense légale des intérêts légitimes, rue de Marivaux,

Paris, le 1er. mars 1829.

IMPRIMERIE DE Mme. Ve. PORTHMANN,
rue Sainte-Anne, no. 43.